Daniela Friedl

Schnelle vegane Küche

sojafrei & einfach

ISBN 978-3-99025-115-7

A-4020 Linz
www.freya.at

Layout: freya_art, Daniela Waser
Lektorat: Mag. Dorothea Forster
Fotos: Daniela Friedl

printed in EU

Daniela Friedl

Schnelle vegane Küche

sojafrei & einfach

freya

ruhla
MADE IN GDR

Einfach gut …

Vegan kochen ohne „Schnick-Schnack" – so lautet die Devise meiner unkomplizierten Rezepte.

Mit wenigen Handgriffen in maximal 30 Minuten zubereitet, bleibt mehr Zeit zum Genießen. Verbringen Sie schöne Momente doch lieber am Esstisch bei guten Gesprächen mit Freunden und Familie anstatt in der Küche.

Gutes Essen muss weder aufwendig noch zeitintensiv zubereitet werden.

Wenige qualitativ hochwertige Zutaten reichen aus, um ein stimmiges und ehrliches Gericht auf den Tisch zu bringen. Ich möchte Sie weder mit unzähligen Blattsalatvariationen noch mit dem hundertsten Nudelgericht langweilen.

In diesem Buch stelle ich Ihnen meine schnellen sojafreien Lieblingsgerichte vor – von Suppen über Aufstriche und Hauptmahlzeiten bis hin zu Desserts.

Das Gute ist oft einfacher, als es auf den ersten Blick erscheint …

Ich wünsche Ihnen gutes Gelingen!

Daniela Friedl

Inhalt

Flotte Aufstriche

Dreierlei Pesto pronto

Spontane Süppchen

Hurtige Häppchen

Salat-Ideen für Kurzentschlossene

Schnelle Gerichte für den großen Hunger

Süßes für ungeduldige Naschkatzen

„Fast Food" – besser als sein Ruf

Der Begriff „schnelles Essen" ist meist eher negativ behaftet. Dabei hat die Dauer der Zubereitung nichts mit der Qualität der Speisen zu tun. Wer hochwertige Produkte verwendet und in der Zubereitung sorgsam mit ihnen umgeht, erhält eine wertvolle Mahlzeit, unabhängig davon, ob er 15 Minuten oder eine Stunde in der Küche verbracht hat.

Die vegane Küche ist weder umständlich noch aufwendig in der Umsetzung und lässt sich sogar in einen straff organisierten Tagesablauf problemlos integrieren.

Soja – die umstrittene Bohne

Es geht auch ohne Soja

Viele Menschen verzichten aufgrund von Schilddrüsenerkrankungen auf den übermäßigen Verzehr von Sojaprodukten oder leiden an einer (leichten) Unverträglichkeit.

In diesem Buch finden Sie vegane Rezepte, die völlig ohne Sojaprodukte auskommen, zudem wird auch auf Fleischersatz jeglicher Art (Weizeneiweiß, Seitan, Lupinen etc.) gänzlich verzichtet.

Soja liegt im Trend – so viel steht fest.

Im Moment stellt Sojamilch in den USA die am schnellsten wachsende Getränkekategorie überhaupt dar. Über 1000 neue Sojaprodukte haben den Markt erobert – von Milchalternativen, Sojajoghurt, Tofu, über Nudeln, bis hin zu Chips – der Siegeszug der vielfältigen Bohne ist unaufhaltsam. Sie hat sich vom proteinreichen Viehfutter zum hippen Lebensmittel gemausert.

Große amerikanische Lebensmittelhersteller entschieden sich kurzerhand dafür, Soja-Produktionen aufzukaufen, um den lukrativen Zug keinesfalls zu verpassen.

Wunderbohne oder gefährliche Saat?

Soja gilt aufgrund der darin enthaltenen Isoflavone (ein pflanzliches Hormon, welches dem Östrogen ähnelt) als Heilmittel bei Wechselbeschwerden und soll u.a. Herzerkrankungen, Osteoporose und Krebs vorbeugen. Eine Studie der Wayne State University in Detroit ergab, dass Isoflavone das Wachstum von Prostatakrebs bei 24 von 31 Patienten reduzierte. Auch das Risiko, an Brustkrebs zu erkranken, soll vermindert werden, da Soja die Dichte des Brustgewebes reduziert.

Gleichzeitig aber steht Soja aber auch im Verdacht, die Fruchtbarkeit bei Frauen zu beeinträchtigen, die Aufnahme von Nährstoffen zu hemmen sowie die Gedächtnisleistung zu verringern.

Kritiker sind sogar überzeugt davon, dass sich die hochgepriesenen Soja-Isoflavone zwar auf bestehende Krebsarten positiv auswirken, ein übermäßiger Verzehr jedoch krebserregend wirkt und die Schilddrüse schädigt. Zudem finden sich nach dem Verarbeitungsprozess sowohl karzinogene Stoffe als auch eine Vielzahl an Toxinen in den Produkten wieder.

Die industrielle Herstellung im Schnellverfahren

Traditionell hergestellte Sojaprodukte wie beispielsweise Miso oder Tempeh durchlaufen eine monate-, teilweise sogar jahrelange Fermentation. Hierbei werden Enzyme aufgeschlossen, Isovlavone erhalten und Schadstoffe abgebaut.

In der industriellen Herstellung hingegen werden die Sojabohnen innerhalb kürzester Zeit in einer alkalische Flüssigkeit eingeweicht, mit dem Einweichwasser vermahlen, filtriert und anschließend auf 135 bis 150 Grad hocherhitzt.

Einige bedenkliche Substanzen überstehen diesen Vorgang jedoch problemlos:

- **Soja-Phytate** (hemmen die Nährstoffaufnahme und verursachen somit unter anderem Wachstumsprobleme bei Kindern)

- **Trypsin-Inhibitoren** (hemmen die Verdauung von Eiweiß)

- **Hämagglutinine** (fördern das Verklumpen von Blutblättchen und können somit Blutgerinnsel, Thrombosen und Embolien verursachen)

- **Oxalate** (hemmen die Aufnahme von Kalzium und fördern sowohl die Bildung von Nierensteinen als auch Osteoporose)

Unverträglichkeit und Allergie

Soja gehört zu den acht stärksten Nahrungsmittel-Allergenen. Oft reicht schon eine sekundäre Nahrungsmittelunverträglichkeit aus, um Beschwerden auszulösen. Symptome wie Bauchschmerzen, Blähungen, Übelkeit, Erbrechen sowie Schwellungen im Mund- und Rachenraum deuten auf eine Unverträglichkeit hin.

Wo versteckt sich Soja?

Nicht immer ist es so einfach Sojaprodukte zu erkennen wie bei Sojamilch oder Sojajoghurt. Der beliebte Emulgator Sojalecithin beispielsweise kommt in vielen Produkten vor, etwa in Schokolade, Margarine, Eis, Backwaren und Brot. Vorsicht ist auch geboten, wenn Sie „pflanzliches Öl", „pflanzliches Fett", „Leguminosenmehl", „Emulgator Lecithin" oder „pflanzliches Protein" in der Zutatenliste lesen. Dahinter können sich ebenso (verarbeitete) Sojaprodukte verstecken wie hinter dem Kürzel „E322".

Fazit

Ob es sich um eine gesunde Alternative oder eine geschickte Marketingstrategie handelt, sei dahingestellt. Fakt ist, eine ausgewogene, vegane Ernährung ist auch ohne Soja möglich. Veganern steht eine Vielzahl an proteinreichen Alternativen wie beispielsweise Chia-Samen, Hülsenfrüchte und Hanfnüsse zur Verfügung.

Hanfsamen

Leinsamen

Chia-Samen

Geschälte Hanfsamen

Hanfdrink

Die Produktion

Neben diversen Milchalternativen auf der Grundlage von Kokos, Getreide und Nüssen stellt der Hanfdrink eine besondere Alternative dar. Sie entsteht lediglich aus gekeimten Hanfsamen und Wasser.

Pro Hektar Anbaufläche sind 600 bis 1000 kg Hanfsamen zu erwarten. Aus 100 kg Hanfsamen werden wiederum ca. 600 Liter Hanfdrink gewonnen. Der gereinigte Hanfsamen wird eingeweicht und anschließend werden die gekeimten Samen mit reinem Quellwasser vermahlen. In weiterer Folge wird die „Hanfmaische" – ähnlich wie beim Bierbrauen – erhitzt. Der schonende Prozess dauert zwei Tage. Die weiße Farbe des Trinkhanfs entsteht ohne Einsatz von Zusatzstoffen, nur durch das langsame Rühren und durch geschickte patentierte Temperaturführung.

Der übrig gebliebene Presskuchen wird zu Brot- und Backwaren verarbeitet, dient als Grundlage für das Brauen von Hanfdrink und eignet sich als hochwertiger Kompost.

Die gesundheitlichen Vorteile von Hanfdrink

Neben anderen mehrfach ungesättigten Fettsäuren enthält der Hanfdrink Gamma-Linolensäure, welche sonst nur in der Muttermilch vorkommt und eine wichtige Rolle in der Zellerneuerung spielt, Entzündungen mindert und das Hautbild reinigt. Ein täglicher Konsum von 500 ml Hanfdrink beugt der

Verengung der Blutgefäße vor, indem sie die Blutfettwerte verbessert. Das Herzinfarktrisiko sinkt bei regelmäßigem Konsum um bemerkenswerte 15 bis 20 %. Das hat eine Studie in Zusammenarbeit mit der Salzburger Universitätsklinik wissenschaftlich bestätigt.

Bezugsquelle: www.trinkhanf.at

Hilfreiche Infos zu den Rezepten

Die Mengenangaben

EL = Esslöffel
TL = Teelöffel
kg = Kilogramm
g = Gramm
l = Liter
cl = Zentiliter
ml = Milliliter

Alternativen

Der Zusatz „pflanzlich“ kommt nur in den Zutatenlisten vor und wird zugunsten der besseren Lesbarkeit im Rezept nicht nochmals erwähnt.

Die pflanzliche Milchalternative ist auf Reis-, Kokos-, Dinkel-, Hafer-, Mandel-, Haselnuss-, Quinoa-, Hanf- und Hirse-Basis erhältlich.

Ich persönliche empfehle sowohl auf die biologische Erzeugung als auch – wenn möglich – auf regionale Anbaugebiete zu achten.

Bitte berücksichtigen Sie, dass sowohl Mandel- als auch Haselnussdrinks über eine spezielle Eigensüße sowie einen besonders nussigen Geschmack verfügen.

Pflanzliches Schlagobers (Sahne) wird auf Reis- und Kokosbasis angeboten und lässt sich wunderbar aufschlagen.

Pflanzliche Cuisine (derzeit auf Reis-, Dinkel- und Haferbasis erhältlich) eignet sich besonders gut zum Verfeinern von Suppen.

Die vegane Butter unterscheidet sich in Konsistenz, Form und Geschmack kaum von der Kuhmilchbutter und besteht zum Großteil aus verschiedenen pflanzlichen Ölen.

Worauf Sie beim Einkauf achten sollten – vegane Fallen

Tierleid und Soja sind in vielen Lebensmitteln versteckt. Hier eine kleine Aufstellung, welche Zutaten tierischer Herkunft oder auf Sojabasis sich in den verwendeten Produkten verstecken können.

- **Gemüsebrühe:** Milchpulver, Milchsäure, Rinderfett, Molke
- **Weißwein:** Weißwein wird ebenso wie oft durch Fischblasen, Gelatine oder Eiklar geklärt
- **Nudeln:** Ei
- **Currypaste:** Sojasauce
- **Zartbitterschokolade:** Butterreinfett, Molkepulver, Milchpulver, Sojalecithin
- **Blätterteig:** Butterreinfett, Speisefettsäuren tierischen Ursprungs

Regionale Lebensmittel

Bis auf wenige Ausnahmen werden in diesem Buch aufgrund der Nachhaltigkeit regionale Produkte verwendet. Es empfiehlt sich, saisonal zu kochen. Bei einigen Gerichten werden alternative Zutaten angeführt, sollte das derzeitige saisonale Angebot nicht mit den im Rezept verwendeten Zutaten übereinstimmen.

Biologische Produkte

Ich persönliche empfehle, wenn möglich auf regionale, biologisch erzeugte Produkte zurückzugreifen. Bei Zitrusfrüchten weise ich explizit auf Bio-Qualität hin, da hier die Schale zum Verzehr verwendet wird.

Sojafreie, vegane Produktempfehlungen

Pflanzliche Butter: www.alsan.de
Schokolade: www.naturata.de
Hanfdrink: www.hanfmilch.at
Schokoladencreme: www.artisana.com (erhältlich in Rohkost-Shops)

Flotte Aufstriche

FÜR 2 PERSONEN

Avocadocreme avanti

ZUTATEN:

- **1 Avocado**
- **Salz**
- **Pfeffer**
- **Saft einer ½ Zitrone**

ZUBEREITUNG:

1. Die Avocado der Länge nach zerteilen und den Kern entfernen.
2. Das Fruchtfleisch mit einem Löffel herauslösen und im Mixer oder mit dem Pürierstab zerkleinern.
3. Abschließend mit Salz, Pfeffer und etwas Zitronensaft abschmecken.

ZUBEREITUNGSZEIT: 5 Minuten

ZUBEREITUNGSZEIT: 10 Minuten

Eilige Erdnusscreme

ZUTATEN:

- **150 g Erdnüsse**
- **1 EL Erdnussöl**
- **Salz**
- **Zucker**

ZUBEREITUNG:

1. Die Erdnüsse aufknacken, schälen und in einer beschichteten Pfanne ohne Öl leicht anrösten.

1. Anschließend im Mixer oder mit dem Pürierstab zerkleinern.

2. Nach und nach das Erdnussöl hinzugeben, bis eine cremige Konsistenz erreicht ist.

3. Mit Salz und Zucker abschmecken.

TIPP

Wer es gerne etwas „chrunchy" mag, püriert die Erdnüsse einfach weniger fein!

FÜR 2 PERSONEN

FÜR 2 PERSONEN

Kichererbsencreme

ZUTATEN:

- 250 g Kichererbsen aus dem Glas
- 3 EL Sesampaste (Tahina)
- 7 EL Olivenöl
- 2 kleine Knoblauchzehen
- Saft einer ½ Zitrone
- Salz
- Pfeffer

ZUBEREITUNG:

1. Die Kichererbsen im Mixer oder mit dem Pürierstab zerkleinern.
2. Währenddessen langsam das Olivenöl und den Saft der halben Zitrone hinzugeben.
3. Die Knoblauchzehen schälen, pressen und daruntermischen.
4. Die Sesampaste unterrühren und mit Salz und Pfeffer abschmecken.

Zack die Bohne!

ZUTATEN:

- 1 Dose rote Bohnen
- 1 Dose weiße Bohnen
- 1 Zwiebel
- 1 EL Olivenöl
- 2 EL Zitronensaft
- ½ TL Koriander
- Chilipulver
- Salz
- Pfeffer

ZUBEREITUNG:

1. Die Bohnen gründlich unter fließendem Wasser waschen.
2. Mit einer Gabel zerdrücken oder mit dem Mixer oder Pürierstab zerkleinern.
3. Die geschälte Zwiebel fein hacken und mit dem Olivenöl, Zitronensaft, Koriander sowie einer Prise Chilipulver mischen.
4. Nun alle Zutaten gut vermengen und mit Salz und Pfeffer abschmecken.

FÜR 4 PERSONEN

FÜR 2 PERSONEN

Auberginencreme

ZUTATEN:

- 2 Auberginen
- Saft einer Zitrone
- 3 Knoblauchzehen
- 2 EL Sesampaste (Tahina)
- Kreuzkümmelpulver
- Salz
- Pfeffer

ZUBEREITUNG:

1. Den Backofen auf 230 Grad vorheizen.
2. Die Auberginen auf ein mit Backpapier belegtes Backblech legen, mit einer Gabel einstechen und ca. 20 Minuten lang im Ofen garen.
3. In der Zwischenzeit die Knoblauchzehen schälen, pressen und mit dem Saft der Zitrone sowie der Sesampaste vermengen.
4. Die Auberginen nach der Garzeit kurz abkühlen lassen, häuten und in Stücke schneiden.
5. Alle Zutaten vermengen, pürieren und mit etwas Kreuzkümmelpulver, Salz und Pfeffer abschmecken.

Dreierlei Pesto pronto

FÜR 2 PERSONEN

ZUBEREITUNGSZEIT: 10 Minuten

Basilikumpesto

ZUTATEN:

- 300 g frisches Basilikum
- 50 g Pinienkerne
- 200 ml Olivenöl
- 1 Knoblauchzehe
- Salz

ZUBEREITUNG:

1. Die Pinienkerne in einer beschichteten Pfanne ohne Öl kurz anrösten.
2. Die Knoblauchzehe schälen und pressen.
3. Das Basilikum zusammen mit den Pinienkernen und dem Knoblauch im Mixer oder mit dem Pürierstab zerkleinern.
4. Nach und nach das Öl hinzugießen. Zuletzt mit Salz abschmecken.

Tomatenpesto

ZUBEREITUNGSZEIT: 10 Minuten

ZUTATEN:

- 50 g Pinienkerne
- 300 g getrocknete Tomaten
- 200 ml Olivenöl
- Chilipulver
- Salz

ZUBEREITUNG:

1. Die Pinienkerne in einer beschichteten Pfanne ohne Öl kurz anrösten.
2. Die Tomaten zusammen mit den Pinienkernen im Mixer oder mit dem Pürierstab zerkleinern.
3. Nach und nach das Öl hinzugießen. Zuletzt mit Salz und einer Prise Chili abschmecken.

Olivenpesto

ZUBEREITUNGSZEIT: 10 Minuten

ZUTATEN:

- 50 g Pinienkerne
- 250 g schwarze entsteinte Oliven
- Saft einer ½ Zitrone
- 200 ml Olivenöl
- Salz
- Pfeffer

ZUBEREITUNG:

1. Die Pinienkerne in einer beschichteten Pfanne ohne Öl kurz anrösten.
2. Die Oliven zusammen mit den Pinienkernen und dem Saft der halben Zitrone im Mixer oder mit dem Pürierstab zerkleinern.
3. Nach und nach das Öl dazugießen. Zuletzt mit Salz und Pfeffer abschmecken.

ZUBEREITUNGSZEIT: 10 Minuten

Veganer Streukäse
(ähnlich wie geriebener Parmesan)

ZUTATEN:

- **200 g Hefeflocken**
- **100 g Pinienkerne**
- **½ TL Meersalz**
- **Knoblauchpulver**

ZUBEREITUNG:

1. Die Pinienkerne in einer beschichteten Pfanne ohne Öl kurz anrösten.
2. Alle Zutaten vermengen und im Mörser fein mahlen, in ein Schraubglas füllen und wie Parmesan verwenden.

Spontane Süppchen

Grundrezept Gemüsebrühe

ZUTATEN:

- Öl
- 1 Bund Suppengrün
- ½ Bund Petersilie
- 1 kleine Zwiebel
- 1 Knoblauchzehe
- 1 EL Öl
- 1 Liter Wasser
- 1 Lorbeerblatt
- 3 Pfefferkörner
- 2 Gewürznelken
- Salz
- Pfeffer
- Zucker

ZUBEREITUNG:

1. Das Suppengrün waschen, schälen und grob würfeln.
2. Die Zwiebel sowie die Knoblauchzehe schälen und ebenfalls grob würfeln.
3. Etwas Öl in einem Topf erhitzen und das Gemüse darin anbraten, anschließend mit einem Liter Wasser aufgießen.
4. Das Lorbeerblatt, die Pfefferkörner sowie die Gewürznelken hinzugeben.
5. Die Brühe ca. 1,5 Stunden zugedeckt köcheln lassen.
6. Die letzten 20 Minuten vor Ende der Garzeit die Petersilie grob hacken und mitköcheln.
7. Abschließend die Brühe durch ein Sieb gießen und mit Salz, Pfeffer und Zucker abschmecken.

TIPP

Wer nicht auf konventionelle Suppenwürfel/Suppenbrühe zurückgreifen möchte, kann die Gemüsebrühe stark reduzieren und portionsweise einfrieren.

Kürbiscremesuppe

ZUTATEN:

- 1 Zwiebel
- pflanzliche Butter
- 1 Hokkaido-Kürbis
- 500 ml Gemüsebrühe
- Salz
- Pfeffer
- geriebene Muskatnuss
- Kürbiskernöl
- Kürbiskerne

ZUBEREITUNG:

1. Die Zwiebel schälen, fein würfeln und in Butter anschwitzen.
2. Den Kürbis vom Strunk sowie vom Kerngehäuse befreien, in kleine Stücke schneiden und hinzugeben.
3. Mit der Gemüsebrühe aufgießen und so lange kochen, bis der Kürbis weich ist.
4. Danach im Mixer oder mit dem Pürierstab fein pürieren.
5. Die Suppe mit Salz, Pfeffer und geriebener Muskatnuss abschmecken. Zuletzt mit einem Schuss Kürbiskernöl sowie einigen Kürbiskernen garnieren

FÜR 2 PERSONEN

FÜR 2 PERSONEN

Erfrischendes Erbsensüppchen

ZUTATEN:

- **300 g Tiefkühlerbsen**
- **500 ml Gemüsebrühe**
- **30 g frische Minze**
- **1 kleine Zwiebel**
- **100 ml pflanzliche Sahne**
- **Öl**

ZUBEREITUNG:

1. Die Zwiebel schälen, fein hacken und in etwas Öl anbraten.
2. Mit Gemüsebrühe ablöschen. Die Erbsen hinzufügen, kurz aufkochen und ca. 10 Minuten leicht köcheln lassen.
3. Die Sahne sowie die gehackte Minze hinzugeben und alles mit dem Pürierstab/im Mixer fein pürieren.

ZUBEREITUNGSZEIT: 15 Minuten

ZUBEREITUNGSZEIT: 20 Minuten

Indische Linsensuppe

ZUTATEN:

- **100 g rote Linsen**
- **1 mittelgroße Zwiebel**
- **1 Dose gewürfelte Tomaten**
- **250 ml Gemüsebrühe**
- **250 ml Kokosmilch**
- **1 EL Garam masala**
- **Öl**

ZUBEREITUNG:

1. Die Linsen in eine Schüssel geben und unter kaltem Wasser mehrmals spülen.
2. Die Zwiebel schälen, würfeln und gemeinsam mit den Linsen sowie dem Garam masala in etwas Öl anbraten.
3. Die Tomaten hinzufügen, alles mit Gemüsebrühe und Kokosmilch aufgießen und kurz aufkochen lassen.
4. Die Suppe noch weitere 10 Minuten köcheln lassen, bis die Linsen weich sind.

FÜR 2 PERSONEN

FÜR 2 PERSONEN

Cremige Tomaten-Kokos-Suppe

ZUBEREITUNGSZEIT: 15 Minuten

ZUTATEN:

- 1 Dose gewürfelte Tomaten
- 1 Dose Kokosmilch
- 250 ml Gemüsebrühe
- 5 Blätter frisches Basilikum
- 1 kleine Zwiebel

ZUBEREITUNG:

1. Die Zwiebel schälen, fein hacken und im Kokosfett aus der Dose (der harte Teil, der sich etwas absetzt) anbraten.
2. Die Tomaten und die Basilikumblätter hinzufügen.
3. Mit Gemüsebrühe und Kokosmilch aufgießen.
4. Aufkochen lassen und vor dem Servieren fein pürieren.

ZUBEREITUNGSZEIT: 25 Minuten

Scharfe Karottensuppe

ZUTATEN:

- **250 g Karotten**
- **1 große Zwiebel**
- **1 kleines Stück Ingwer**
- **250 ml Gemüsebrühe**
- **Muskatnuss**
- **Öl**

ZUBEREITUNG:

1. Die Zwiebel schälen und fein würfeln, die Karotten reiben.
2. Beides gemeinsam in etwas Öl anbraten und mit Gemüsebrühe ablöschen.
3. Den Ingwer (Menge nach Geschmack) fein reiben und hinzufügen.
4. 15 Minuten lang köcheln lassen, anschließend pürieren und mit Muskatnuss abschmecken.

FÜR 2 PERSONEN

FÜR 2 PERSONEN

Farbenfrohe Wintersuppe

ZUTATEN:

- 300 g Rote Rüben (Rote Beete), vorgegart
- 1 kleine Zwiebel
- 1 kleiner Apfel
- 250 ml Gemüsebrühe
- 50 ml pflanzliche Sahne
- 50 g Meerrettich
- Öl

ZUBEREITUNG:

1. Die Zwiebel und den Apfel schälen und ebenso wie die Roten Rüben (Rote Beete) in feine Würfel schneiden.
2. Alles zusammen in etwas Öl anbraten, mit der Gemüsebrühe ablöschen und ca. 10 Minuten lang köcheln lassen.
3. Währenddessen den Meerrettich reiben.
4. Die Suppe fein pürieren, mit der Sahne verfeinern und mit dem frischen Meerrettich garnieren.

Herbstliche Maronischaumsuppe

ZUTATEN:

- **100 g geschälte, gegarte Maroni**
- **1 kleine Zwiebel**
- **250 ml Gemüsebrühe**
- **50 ml aufschlagbare pflanzliche Sahne**
- **Öl**
- **Zimt**

ZUBEREITUNG:

1. Die Zwiebel schälen und in feine Würfel schneiden.
2. In etwas Öl anbraten und mit der Gemüsebrühe ablöschen.
3. Die Maroni hinzugeben und alles kurz aufkochen lassen.
4. In der Zwischenzeit die Sahne aufschlagen.
5. Die Suppe fein pürieren, mit der Sahne verzieren und mit etwas Zimt bestreuen.

FÜR 2 PERSONEN

FÜR 2 PERSONEN

Curry-Mais-Suppe

ZUTATEN:

- 350 g Mais (aus dem Glas)
- 1 kleine Zwiebel
- 250 ml Gemüsebrühe
- mildes Currypulver
- 1 TL gelbe Currypaste
- Öl

ZUBEREITUNG:

1. Die Zwiebel schälen und in feine Würfel schneiden.
2. In etwas Öl anbraten, die Currypaste einrühren und mit der Gemüsebrühe ablöschen.
3. Den Mais hinzugeben und kurz aufkochen lassen.
4. Die Suppe fein pürieren und mit einer Prise Currypulver bestreuen.

ZUBEREITUNGSZEIT: 25 Minuten

Zucchinicremesuppe

ZUTATEN:

- **1 große Zucchini**
- **1 kleine Zwiebel**
- **etwas Weißwein**
- **250 ml Gemüsebrühe**
- **50 ml pflanzliche Sahne**
- **Öl**
- **Salz**
- **Pfeffer**

ZUBEREITUNG:

1. Die Zwiebel schälen und in feine Würfel schneiden, die Zucchini grob würfeln.
2. Beide Zutaten in etwas Öl anbraten, mit einem Schluck Weißwein ablöschen und mit der Gemüsebrühe aufgießen.
3. Die Suppe ca. 10 Minuten lang köcheln lassen, die Sahne hinzugeben und alles gut pürieren.
4. Abschließend mit Salz und Pfeffer abschmecken.

FÜR 2 PERSONEN

FÜR 2 PERSONEN

Champignon-Hanf-Suppe

ZUTATEN:

- **250 g braune Champignons**
- **1 kleine Zwiebel**
- **150 ml Hanfdrink Natur**
- **150 ml Gemüsebrühe**
- **1 EL Weizenmehl glatt**
- **etwas Hanföl**
- **Hanfsamen**

ZUBEREITUNG:

1. Die Champignons waschen, die Zwiebel schälen und beides fein würfeln.
2. Etwas Hanföl erhitzen und die Zwiebel sowie die Champignons darin anrösten.
3. Mit dem Mehl stauben und mit Gemüsebrühe und Hanfdrink ablöschen.
4. Zehn Minuten lang köcheln lassen, pürieren und mit Hanfsamen garniert heiß servieren.

ZUBEREITUNGSZEIT: 20 Minuten

Hurtige Häppchen

FÜR 4 PERSONEN

Gefüllte Weinblätter

ZUTATEN:

- 100 g Langkornreis
- 200 ml Wasser
- 250 g eingelegte Weinblätter
- 1 kleine Zwiebel
- Saft einer ½ Zitrone
- 2 Knoblauchzehen
- Salz
- Pfeffer
- Öl

ZUBEREITUNG:

1. Das Wasser mit dem Reis zum Kochen bringen, die Hitze reduzieren und zugedeckt 15 Minuten lang ziehen lassen.
2. In der Zwischenzeit die Weinblätter kurz unter fließendem Wasser abspülen.
3. Die Zwiebel sowie die Knoblauchzehen schälen und fein hacken.
4. Nach der Garzeit den Reis mit der gehackten Zwiebel sowie einer gehackten Knoblauchzehe vermengen und mit Salz und Pfeffer abschmecken.
5. Die Weinblätter abtropfen lassen, mit dem Stiel nach unten aufgelegen und mit der Reisfüllung bestreichen.
6. Das untere Ende (mit dem Stielansatz) nach oben schlagen, das linke Ende des Blattes nach rechts sowie das rechte Ende nach links einschlagen und das Blatt nach obenhin einrollen.
7. Die zweite Knoblauchzehe in etwas Öl anrösten, mit Zitronensaft ablöschen und die Weinblätter kurz darin anbraten.

ZUBEREITUNGSZEIT: 15 Minuten

Knackige Olivenröllchen

ZUTATEN:

- **15 bis 20 Oliven**
- **1 Feldgurke**
- **1 TL Olivenöl**
- **Saft einer ½ Zitrone**
- **Salz**
- **Pfeffer**

ZUBEREITUNG:

1. Die Gurke der Länge nach in feine, lange Blätter schneiden und in Salzwasser einlegen.
2. Währenddessen die Oliven pürieren.
3. Mit dem Olivenöl und dem Saft der halben Zitrone vermischen und anschließend mit Salz und Pfeffer abschmecken.
4. Die Gurkenblätter abtrocknen, mit der Olivenpaste bestreichen, einrollen und mit je einem Zahnstocher fixieren.

FÜR 4 PERSONEN

FÜR 4 PERSONEN

Zigarren mit Bohnencreme

ZUTATEN:

- 500 g weiße Bohnen (aus der Dose)
- 1 Packung Yufka Teigblätter (dreieckig)
- etwas pflanzliche Milch
- 2 Knoblauchzehen
- Salz
- Pfeffer
- Sesam
- Schwarzkümmelsamen

ZUBEREITUNG:

1. Das Backrohr auf 200 Grad vorheizen.
2. Die Bohnen zusammen mit den geschälten Knoblauchzehen fein pürieren und mit Salz und Pfeffer abschmecken.
3. Die Yufka Teigblätter mit etwas Milch bepinseln und anschließend einen Teelöffel der Bohnencreme auf der unteren, langen Seite der Blätter verteilen.
4. Die Ecken einschlagen und die Blätter nach obenhin einrollen.
5. Die Röllchen nochmals mit Milch bepinseln und in einer Mischung aus Sesam und Schwarzkümmelsamen wälzen.
6. Den Vorgang so lange wiederholen, bis alle Teigblätter aufgebraucht sind.
7. Die Röllchen auf ein mit Backpapier belegtes Backblech geben und ca. 10 Minuten lang goldgelb backen.

Auberginenröllchen

ZUTATEN:

- 1 Aubergine
- 200 g Kichererbsen (aus dem Glas)
- Saft einer ½ Zitrone
- Salz
- Pfeffer

ZUBEREITUNG:

1. Die Auberginen der Länge nach in Blätter schneiden.
2. Diese in etwas Öl auf beiden Seiten anbraten und zur Seite stellen.
3. Anschließend die Kichererbsen zusammen mit dem Zitronensaft pürieren und mit Salz und Pfeffer abschmecken.
4. Die Auberginenblätter mit der Creme bestreichen, einrollen und mit einem Zahnstocher fixieren.

FÜR 4 PERSONEN

FÜR 4 PERSONEN

Knoblauchbrote

ZUTATEN:

- ½ Dinkelbaguette oder ein ähnliches veganes Weißbrot
- 3 Knoblauchzehen
- 1 Bund Rosmarin
- Salz
- Olivenöl

ZUBEREITUNG:

1. Das Backrohr auf 200 Grad vorheizen.
2. Anschließend das Baguette in Scheiben schneiden, auf ein mit Backpapier belegtes Backblech geben und mit Olivenöl beträufeln.
3. Die Knoblauchzehen schälen, pressen und gleichmäßig auf den Brotscheiben verteilen.
4. Den Rosmarin fein hacken und ebenso wie etwas Salz über die Brote streuen.
5. Im Backrohr ca. 5 Minuten lang knusprig backen.

ZUBEREITUNGSZEIT: 15 Minuten

Salat-Ideen für Kurzentschlossene

FÜR 2 PERSONEN

Waldorfsalat

ZUTATEN:

- 200 g Knollensellerie
- 3 Äpfel
- 100 g Walnüsse
- Saft einer Zitrone
- 3 EL Mandelmus
- Salz

ZUBEREITUNG:

1. Den geschälten Sellerie und die entkernten, geschälten Äpfel grob raspeln.
2. ⅔ der Nüsse fein hacken. Alle Zutaten in einer großen Schüssel mit dem Mandelmus verrühren.
3. Mit dem Saft der Zitrone und Salz abschmecken.
4. Die restlichen Walnüsse zum Garnieren verwenden.

Warmer Tomaten-Brot-Salat

ZUTATEN:

- ½ Dinkelbaguette oder ein ähnliches veganes Weißbrot
- 3 große Tomaten
- 1 Zwiebel
- ½ Bund frischer Rosmarin
- 1 Knoblauchzehe
- Olivenöl
- Saft einer ½ Zitrone
- Salz
- Pfeffer

ZUBEREITUNG:

1. Das Backrohr auf 150 Grad vorheizen.
2. Das Weißbrot in kleine Stücke reißen und mit etwas Olivenöl beträufeln.
3. Die Knoblauchzehe schälen, pressen und daruntermischen.
4. Den Rosmarin fein hacken und ebenfalls hinzugeben.
5. Die Brotstücke in eine Auflaufform geben und im Rohr knusprig backen.
6. In der Zwischenzeit die Tomaten würfeln und die geschälte Zwiebel in feine Ringe schneiden.
7. Aus dem Saft der halben Zitrone und 3 EL Olivenöl ein Dressing anrühren, mit Salz und Pfeffer abschmecken.
8. Die Tomatenwürfel, die Zwiebelringe und die knusprigen Brotstücke vermischen und mit dem Dressing anrichten.

FÜR 2 PERSONEN

FÜR 4 PERSONEN

Kichererbsen-Couscous-Salat

ZUTATEN:

- 200 g Couscous
- 100 g Kichererbsen aus dem Glas
- 100 g Erbsen aus dem Glas
- 100 g Mais aus dem Glas
- 200 ml Gemüsebrühe
- 1 EL Madras-Currypulver
- ½ TL Kreuzkümmel
- ½ TL Koriander
- Saft einer Zitrone
- 3 EL Öl
- Salz
- Pfeffer

ZUBEREITUNG:

1. Den Couscous in eine große Schüssel geben und mit der kochenden Gemüsebrühe übergießen.
2. 3 Minuten quellen lassen und anschließend mit einer Gabel auflockern.
3. Kichererbsen, Mais und Erbsen hinzugeben.
4. Mit Curry, Kreuzkümmel und Koriander würzen.
5. Abschließend mit dem Saft der Zitrone, Öl, Salz und Pfeffer abschmecken.

ZUBEREITUNGSZEIT: 10 Minuten

Schnelle Gerichte für den großen Hunger

FÜR 2 PERSONEN

Gefüllte Champignons

ZUBEREITUNGSZEIT: 30 Minuten

ZUTATEN:

- 4 Riesen-Champignons
- 1 kleine Zwiebel
- 1 Knoblauchzehe
- 4 EL Basilikumpesto
- Olivenöl
- Salz
- Pfeffer

ZUBEREITUNG:

1. Das Backrohr auf 180 Grad vorheizen.
2. Die Champignons gut waschen, vorsichtig die Stiele entfernen und diese fein würfeln.
3. Die Zwiebel schälen und fein hacken, anschließend die Knoblauchzehe schälen, pressen und alle drei Zutaten mit dem Pesto vermengen.
4. Die Champignons auf ein mit Backpapier belegtes Backblech geben, mit der Pestomasse füllen und ca. 10 Minuten backen.

Schnelle Blätterteig-Pizza

ZUTATEN:

- 1 Packung Blätterteig
- 1 Zwiebel
- 5 EL Tomatenmark
- 7 Cocktailtomaten
- eine Handvoll entsteinter schwarzer Oliven
- Salbei
- Salz
- Pfeffer

ZUBEREITUNG:

1. Das Backrohr auf 200 Grad vorheizen.
2. Den Blätterteig auf ein mit Backpapier belegtes Backblech geben.
3. Mit dem Tomatenmark bestreichen und die Ränder einschlagen.
4. Die Zwiebel schälen, in feine Ringe schneiden und darauf verteilen. Ebenso die halbierten Tomaten, Oliven sowie einige Blätter Salbei.
5. Die Pizza mit Salz und Pfeffer bestreuen und im Ofen ca. 15 Minuten goldgelb backen.

FÜR 4 PERSONEN

FÜR 4 PERSONEN

Zucchini-Kichererbsen-Türmchen

ZUTATEN:

- 1 kleine Zucchini
- 350 g Kichererbsen (im Glas)
- 2 Knoblauchzehen
- 2 EL Tomatenmark
- Olivenöl
- Salz
- Pfeffer

ZUBEREITUNG:

1. Das Backrohr auf 200 Grad vorheizen.
2. Die Zucchini in Scheiben schneiden, auf ein mit Backpapier belegtes Backblech legen und mit Olivenöl beträufeln. Ca. 5–10 Minuten backen.
3. In der Zwischenzeit die Knoblauchzehen schälen und pressen.
4. Die Kichererbsen zusammen mit dem Knoblauch und dem Tomatenmark fein pürieren.
5. Die Zucchinischeiben aus dem Rohr nehmen und kurz abkühlen lassen.
6. Danach mit der Kichererbsenpaste bestreichen und mit einer Zucchinischeibe bedecken.
7. Den Vorgang so lange wiederholen, bis, je nach gewünschter Höhe, kleine „Türmchen" entstehen.

ZUBEREITUNGSZEIT: 30 Minuten

Spaghetti mit Kürbiscreme

ZUTATEN:

- 250 g Spaghetti
- 500 g Hokkaido-Kürbis
- 2 Knoblauchzehen
- Olivenöl
- Weißwein
- 150 ml Gemüsebrühe
- 1 Frühlingszwiebel
- Pinienkerne
- Salz
- Pfeffer

ZUBEREITUNG:

1. Die Spaghetti in reichlich Wasser mit etwas Salz und Olivenöl kochen.
2. Währenddessen die Pinienkerne in einer beschichteten Pfanne ohne Öl kurz anrösten und zur Seite stellen.
3. Danach die Frühlingszwiebel fein hacken. Die Knoblauchzehen schälen und pressen.
4. Den Kürbis würfeln und zusammen mit dem Knoblauch in etwas Olivenöl anrösten. Mit einem Schuss Weißwein ablöschen und mit Gemüsebrühe aufgießen. Auf schwacher Hitze ca. 10 Minuten lang leicht köcheln und gut pürieren.
5. Die Spaghetti abseihen und mit der Kürbiscreme vermengen. Abschließend mit der Jungzwiebel und den Pinienkernen garnieren.

FÜR 4 PERSONEN

FÜR 4 PERSONEN

Deftiger Bohneneintopf

ZUBEREITUNGSZEIT: 20 Minuten

ZUTATEN:

- **1 Dose rote Bohnen**
- **1 Dose gewürfelte Tomaten**
- **1 große Zwiebel**
- **1 Glas Mais**
- **500 ml Gemüsebrühe**
- **Öl**
- **Chilipulver**

ZUBEREITUNG:

1. Die geschälte Zwiebel fein würfeln und in etwas Öl gut anbraten.
2. Die Tomaten hinzugeben und anschließend mit Gemüsebrühe aufgießen.
3. Kurz aufkochen und ca. 10 Minuten köcheln lassen, danach fein pürieren.
4. Die Bohnen sowie den Mais gut abspülen, in die Suppe geben und kurz mitkochen.
5. Mit einer Prise Chilipulver abschmecken.

Mangoldtaschen

ZUTATEN:

- **1 Packung Strudel- oder Mürbteig**
- **1 Mangold**
- **2 Knoblauchzehen**
- **Salz**
- **Pfeffer**
- **pflanzliche Milch**
- **Öl**

ZUBEREITUNG:

1. Das Backrohr auf 180 Grad vorheizen.
2. Den Mangold waschen, in feine Steifen schneiden und in etwas Öl anbraten. Die Knoblauchzehen schälen, pressen und hinzugeben. Mit Salz und Pfeffer abschmecken und zur Seite stellen.
3. Den Teig in 6 gleich große Quadrate schneiden. Jeweils 2 EL Mangold in die Mitte der Quadrate setzen.
4. Die Ecken aufeinanderschlagen, mit einer Gabel die Ränder eindrücken und somit gut verschließen.
5. Die Ecken auf ein mit Backpapier belegtes Backblech legen, mit etwas Milch bestreichen und ca. 15 Minuten lang goldgelb backen.

FÜR 4 PERSONEN

FÜR 4 PERSONEN

Spießiges Gemüse

ZUTATEN:

- 5 kleine Champignons
- 1 roter Paprika
- 1 gelber Paprika
- ½ Zucchini
- 1 rote Zwiebel
- 2 EL Thai-Curry-Würzpaste (mild)
- 2 EL Öl

ZUBEREITUNG:

1. Den Backofen auf 180 Grad vorheizen.
2. Die Champignons halbieren, die entkernten Paprika, die geschälte Zwiebel und die Zucchini in mundgerechte Stücke schneiden.
3. Die Currypaste und das Öl zu einer Marinade verrühren.
4. Das Gemüse abwechselnd auf Holz- oder Metallspieße stecken und mit der Marinade bepinseln.
5. Danach auf ein mit Backpapier belegtes Backblech geben und ca. 10 Minuten lang im Backofen grillen.

Safran-Zitronen-Risotto

ZUTATEN:

- **250 g Risottoreis**
- **500 ml Gemüsebrühe**
- **Safranfäden**
- **1 unbehandelte Bio-Zitrone**
- **Öl**
- **Weißwein**

ZUBEREITUNG:

1. Den Risottoreis in etwas Öl kurz anbraten und mit einem Schuss Weißwein ablöschen.
2. Die Safranfäden hinzugeben und alles mit der Gemüsebrühe aufgießen.
3. Ca. 20 Minuten bei mittlerer Hitze ohne Deckel köcheln lassen, bis der Reis gar und die Flüssigkeit aufgesaugt ist.
4. Abschließend mit etwas Zitronensaft sowie geriebener Zitronenschale verfeinern.

FÜR 2 PERSONEN

FÜR 2 PERSONEN

Gebratener Erdnussreis

ZUTATEN:

- 250 g Basmatireis
- 500 ml Gemüsebrühe
- 1 EL Erdnussöl
- 1 EL Erdnussbutter
- 50 g geschälte Erdnüsse
- Salz

ZUBEREITUNG:

1. Reis und Gemüsebrühe in einen Topf geben und zugedeckt aufkochen lassen.
2. Hitze reduzieren und auf kleiner Flamme ca. 15 Minuten lang köcheln/ziehen lassen, bis der Reis gar und die Flüssigkeit aufgesaugt ist.
3. Inzwischen die Erdnüsse in einer beschichteten Pfanne ohne Öl vorsichtig anrösten und beiseitestellen.
4. In einer weiteren Pfanne die Erdnussbutter zusammen mit dem Erdnussöl anschwitzen.
5. Den gegarten Reis dazugeben und weitere 2 bis 3 Minuten anbraten.
6. Zum Schluss mit Salz abschmecken, die Erdnüsse darüberstreuen und servieren.

ZUBEREITUNGSZEIT: 25 Minuten

Gefüllte Gemüsetaschen

ZUTATEN:

- 2 Pitabrote
- 1 kleine Zwiebel
- ½ kleine Zucchini
- 5 EL grünes Pesto
- 5 schwarze Oliven

ZUBEREITUNG:

1. Pitabrote halbieren und toasten.
2. Die Zwiebel schälen und in feine Ringe schneiden.
3. Die Zucchini der Länge nach halbieren, in dünne Scheiben schneiden und mit den Zwiebelringen anbraten.
4. Gemüse vom Herd nehmen, Pesto sowie die halbierten Oliven hinzugeben.
5. Das warme Gemüse in die Pitabrote füllen und servieren.

FÜR 2 PERSONEN

FÜR 2 PERSONEN

Zucchini-Kartoffel-Puffer

ZUTATEN:

- 1 kleine Zucchini
- 3 kleine Kartoffeln
- 1 EL körnige Gemüsebrühe (Pulverform)
- 2 EL Dinkelkleie
- geriebene Muskatnuss
- Salz
- Pfeffer
- Öl

ZUBEREITUNG:

1. Die Zuccchini und die Kartoffeln ungeschält fein reiben.
2. Die Masse mit der körnigen Gemüsebrühe und der Dinkelkleie vermengen.
3. Mit Muskatnuss, Salz und Pfeffer abschmecken.
4. Das Öl in einer Pfanne erhitzen, mit den Händen kleine Puffer formen und diese auf beiden Seiten goldgelb backen.

Süßes für ungeduldige Naschkatzen

FÜR 2 PERSONEN

Sommerlich süßer Melonensalat

ZUTATEN:

- 1 Scheibe Wassermelone
- 1 Scheibe Honigmelone
- 1 Handvoll frische Minze
- 2 EL Rohrzucker
- ½ Zitrone
- 50 ml Wasser

ZUBEREITUNG:

1. Zucker, Wasser und den Saft der halben Zitrone in einem Topf aufkochen.
2. Abkühlen lassen und die fein gehackte Minze untermengen.
3. Die Melonen in kleine Würfel schneiden und in die Marinade einlegen.
4. Vor dem Verzehr alles mindestens 15 Minuten durchziehen lassen.

Karibik-Trifle

ZUTATEN:

- 125 ml Kokossahne
- 5 EL Kokosraspeln
- 7 Stück Zwieback
- 100 g abgetropfte Ananasstücke (aus der Dose)
- 125 ml Ananassaft (aus der Dose)
- pflanzliche Butter
- Zucker
- Rum

ZUBEREITUNG:

1. Die Kokossahne mit den Kokosraspeln vermengen und nach Belieben mit Zucker süßen.
2. Die Ananasstücke abseihen und den Saft in einem tiefen Teller auffangen.
3. Den Zwieback zerbröseln und mit dem Ananassaft beträufeln.
4. Die Butter in einer Pfanne zerlassen und die Ananasstücke hinzugeben.
5. Das Ganze mit Zucker bestreuen, schwenken und karamellisieren. Mit Rum ablöschen und etwas einköcheln lassen.
6. Nun die Kokosmischung, den Zwieback und die karamellisierten Ananasstücke schichtweise in ein Dessertglas geben.

FÜR 2 PERSONEN

FÜR 2 PERSONEN

Bananen-Pancakes

ZUTATEN:

- 1 Tasse Dinkel-Vollkornmehl
- 3 EL Dinkelkleie
- ¼ Tasse pflanzliche Milch
- ¼ Tasse Mineralwasser
- 1 TL Backpulver
- 1 Banane
- Agavendicksaft
- Öl

ZUBEREITUNG:

1. Die Banane schälen und in Scheiben schneiden.
2. Das Vollkornmehl zusammen mit der Kleie in eine große Schüssel geben.
3. Die Milch, das Backpulver sowie das Mineralwasser unter ständigem Rühren mit dem Schneebesen hinzufügen, bis eine geschmeidige Masse entsteht.
4. Vorsichtig die Bananenscheiben unterheben und den Teig nach Belieben mit Agavendicksaft süßen.
5. Etwas Öl in einer beschichteten Pfanne erhitzen.
6. Mehrere kleine Portionen des Teiges in der Pfanne verteilen, sodass ca. 1,5 cm dicke Pancakes entstehen. Diese auf beiden Seiten goldgelb braten.
7. Heiß servieren und mit Agavendicksaft bestreichen.

ZUBEREITUNGSZEIT: 10 Minuten

Süßer Couscous

ZUTATEN:

- **75 g Couscous**
- **100 ml Mandelmilch**
- **5 Heidelbeeren**
- **1 kleine Banane**
- **1 TL Zimt**
- **Agavendicksaft**

ZUBEREITUNG:

1. Die Mandelmilch in einem kleinen Topf erhitzen.
2. Anschließend den Couscous damit übergießen und ungefähr 3 Minuten lang quellen lassen.
3. Die Banane schälen und in kleine Stücke schneiden.
4. Den Couscous mit einer Gabel durchrühren und den Zimt, die Bananenstücke sowie die Heidelbeeren hinzugeben.
5. Nach Belieben mit Agavendicksaft süßen.

FÜR 2 PERSONEN

FÜR 2 PERSONEN

Gebratene Kokos-Banane

ZUTATEN:

- 1 Banane
- 1 EL Kokosfett
- 2 EL Kokosraspeln
- Agavendicksaft

ZUBEREITUNG:

1. Die Banane schälen und der Länge nach halbieren.
2. Das Kokosfett in der beschichteten Pfanne schmelzen und die Bananenhälften mit der Schnittfläche nach unten anbraten.
3. Nach Belieben Agavendicksaft und die Kokosraspeln hinzufügen.
4. Die Bananen wenden und auf der anderen Seite ebenfalls knusprig braten.

Feurige Schokoladencreme

ZUTATEN:

- 2 Avocados
- 4 Rippen Zartbitterschokolade
- 5 EL Agavendicksaft
- Chilipulver

ZUBEREITUNG:

1. Die Avocados längs halbieren und entkernen.
2. Das Fruchtfleisch herausschaben und fein pürieren.
3. Die Zartbitterschokolade im Wasserbad vorsichtig schmelzen.
4. Zusammen mit dem Agavendicksaft und einer Prise Chilipulver zur Avocadocreme hinzufügen.
5. Alles noch einmal durchpürieren, in kleine Schüsseln verteilen und anschließend 5 bis 10 Minuten kalt stellen.

FÜR 2 PERSONEN

FÜR 4 PERSONEN

Marzipan-Rosen-Kugeln

ZUBEREITUNGSZEIT: 15 Minuten

ZUTATEN:

- 200 g Marzipan
- 1 EL Rosenwasser
- 1 EL Kakaopulver
- 1 EL Zimt

ZUBEREITUNG:

1. Das Marzipan mit dem Rosenwasser verkneten und aus dem Teig kleine Kugeln formen.
2. Kakao und Zimt mischen und die Kugeln darin wälzen, bis die Oberfläche gut bedeckt ist.

ZUBEREITUNGSZEIT: 10 Minuten

Limetten-Kardamom-Lassi

ZUTATEN:

- 250 ml Kokosmilch
- Saft von 2 Limetten
- 1 TL geriebener Kardamom
- Agavendicksaft

ZUBEREITUNG:

1. Die Kokosmilch mit dem Saft von zwei Limetten sowie dem Kardamom schaumig rühren.
2. Abschließend mit Agavendicksaft süßen.

FÜR 2 PERSONEN

FÜR 2 PERSONEN

ZUBEREITUNGSZEIT: 10 Minuten

Erfrischendes Brombeersorbet

ZUTATEN:

- 250 g tiefgekühle Brombeeren (oder alternativ eine Beerenmischung)
- 200 ml Mandelsahne
- Saft einer Zitrone
- frische Minze
- Agavendicksaft

ZUBEREITUNG:

1. Zwei Dessertgläser ins Eisfach geben.
2. Die Minze grob hacken.
3. Die tiefgekühlten Beeren mit dem Saft einer Zitrone, der Mandelsahne und der Minze zügig pürieren.
4. Das Sorbet mit Agavendicksaft abschmecken.
5. Die Gläser aus dem Eisfach nehmen, befüllen und das Dessert sofort servieren.

Gebackene Feigen

ZUTATEN:

- 5 reife türkische Feigen
- 1 Handvoll Walnusskerne
- Agavendicksaft

ZUBEREITUNG:

1. Das Backrohr auf 200 Grad vorheizen.
2. Die Feigen auf ein mit Backpapier belegtes Backblech geben, kreuzförmig einschneiden und leicht auseinanderdrücken.
3. Danach die Walnusskerne hacken.
4. Agavendicksaft und gehackte Nüsse über die Feigen geben und ca. 10 Minuten lang backen.

FÜR 2 PERSONEN

FÜR 4 PERSONEN

Schokoschnecken

ZUTATEN:

- 1 Packung Strudel- oder Mürbteig
- 150 g Schokoladencreme
- 50 g geriebene Haselnüsse
- pflanzliche Milch

ZUBEREITUNG:

1. Das Backrohr auf 200 Grad vorheizen.
2. Die Schokoladencreme mit den geriebenen Haselnüssen verrühren.
3. Den Teig gleichmäßig mit der Creme bestreichen und einrollen.
4. Mit einem nassen Messer ca. einen Zentimeter dicke Stücke abschneiden.
5. Diese auf ein mit Backpapier belegtes Backblech legen, mit etwas pflanzlicher Milch bestreichen und ca. 15 Minuten lang goldgelb backen.

ZUBEREITUNGSZEIT: 30 Minuten

ZUBEREITUNGSZEIT: 20 Minuten

Hanf-Zimt-Waffeln

ZUTATEN:

- 250 g Dinkelvollkornmehl
- 50 g Zucker
- 1 TL Zimt
- 3 TL Hanfsamen
- 300 ml Hanfdrink Natur
- 2 TL Backpulver
- etwas Hanföl
- Staubzucker (Puderzucker)

ZUBEREITUNG:

1. Alle Zutaten zu einem glatten Teig verrühren.
2. Das Waffeleisen vorheizen, beide Seiten mit etwas Hanföl bestreichen und 2 EL des Teiges in die Mitte setzen.
3. Das Waffeleisen schließen und die Waffeln goldgelb backen.
4. Den Vorgang so lange wiederholen, bis der Teig aufgebraucht ist.
5. Mit Staubzucker bestäuben und heiß servieren.

FÜR 2 PERSONEN

Grundrezept Mandelmilch

ZUBEREITUNGSZEIT: 10 Minuten

ZUTATEN:

- **1 Handvoll blanchierter Mandeln**
- **0,5 l Wasser**
- **7 reife, entsteinte Datteln**
- **Mark einer Vanilleschote**

ZUBEREITUNG:

1. Die Mandeln in einem starken Mixer mahlen.
2. Das Wasser sowie die restlichen Zutaten hinzufügen und ebenfalls fein zerkleinern, bis eine schaumig milchige Konsistenz entsteht.
3. Die Mandelmilch in eine saubere Glasflasche abfüllen und im Kühlschrank aufbewahren.

TIPP

Sollte Ihr Mixer nicht stark genug sein, empfehle ich Ihnen, die Mandelmilch durch ein sauberes Leinentuch abzuseihen.

Warum vegan?

Der Veganismus bezeichnet nicht nur eine Ernährungsform, welche gänzlich auf tierische Produkte verzichtet, sondern lehnt auch in anderen Bereichen (Kleidung, Textilien, Kosmetik- & Hygieneartikel, Freizeitbeschäftigung etc.) jegliche Form der Tierausbeutung ab.

Warum kein/-e:

Fleisch:

58 Milliarden Tiere werden jährlich (!) für Fleisch und andere tierische Produkte getötet. Es handelt sich um hochentwickelte Lebewesen mit ausgeprägtem Sozialverhalten, Lebenswillen und Schmerzempfinden. Das Tierleid, welches durch die unwürdige Gefangenschaft, Misshandlung (Kastration, Zahnziehen, Ausbrennen der Hörner ohne Betäubung etc.) und gewaltsame Tötung entsteht, ist von unvorstellbarem Ausmaß. Jedes Wesen hat ein Grundrecht auf Leben, Unversehrtheit und Freiheit.

Fisch und Meeresfrüchte:

Wissenschaftliche Studien beweisen bereits seit den 70er-Jahren, dass auch diese Lebewesen auf schädigende Reize stark reagieren, unangenehme Einflüsse vermeiden und alle Kriterien für Schmerzempfinden erfüllen. 1984 entdeckte der holländische Physiologe Verheijen, dass Fische zudem auch zu ganz bewussten Wahrnehmungen wie Angst und Stress fähig sind. Nervenzellen im Vorderhirn sind – ähnlich wie die Neuronen in der Großhirnrinde beim Säugetier – dafür zuständig. Die Leerfischung der Weltmeere ist ein weiteres Argument gegen den Konsum von Fisch und Meeresfrüchten.

Eier:

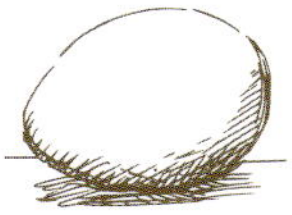

Da männliche Küken für die Produktion von Eiern nicht relevant sind, werden sie am Tag ihrer Geburt vergast oder zerhäckselt. Lässt die Legeleistung der Henne nach, wird auch sie getötet. Selbst die vermeintlich glücklichen Bio-Hühner haben kaum eine höhere Lebenserwartung als ein bis zwei Jahre.

Milch:

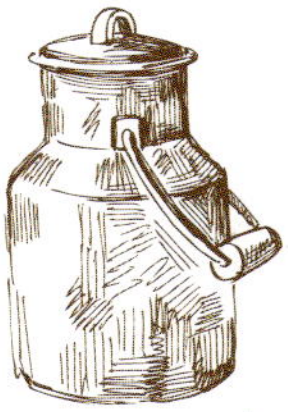

Milch ist das wohl unnatürlichste aller Nahrungsmittel.
Kein anderes Lebewesen als der Mensch trinkt über das Säuglingsalter hinaus Milch, schon gar nicht die einer anderen Spezies. Während der Großteil der männlichen Kälber bereits nach einigen Wochen den Weg zum Schlachter antreten muss, erwarten die moderne Milchkuh von heute ein enger Stall, beißender Ammoniakgeruch, ständige Euterentzündungen (Mastritis), wiederholte künstliche Befruchtung sowie der immer wiederkehrende, grausame Trennungsschmerz nach der Geburt ihrer Kälber. Diese werden nämlich in der Regel umgehend von ihren Müttern separiert und in kleine, von der Europäischen Union genormte Kälberboxen gesperrt. Anstatt Körperwärme, Nähe und der für sie vorgesehenen Muttermilch bekommen die Säuglinge nur chemische Ersatznahrung.

Die natürliche Lebenserwartung einer Kuh liegt zwischen 20 und 25 Jahren – ein Alter, das die moderne Hochleistungskuh nicht erreicht. Sie wird bereits zwischen dem vierten und siebten Lebensjahr, wenn die Milchleistung nachlässt, geschlachtet.

Schafwolle:

Der Großteil der in Europa verfügbaren Schafwolle stammt aus Australien. Tausende geschorene Lämmer erfrieren dort jährlich aufgrund der extremen Witterungsbedingungen. Der Tod durch Verhungern oder Verdursten sowie Hitzeschläge steht ebenso an der Tagesordnung, da die meisten Tiere halbwild auf riesigen Flächen leben. Auch bei der Schur verenden viele Tiere aufgrund von Verletzungen – entweder sofort durch den Blutverlust oder in weiterer Folge an Entzündungen. Schlachtreife Tiere werden zu Tausenden unter unvorstellbaren Bedingungen in arabische Länder verschifft, um dort geschächtet zu werden.

Leder:

Leder schlägt mit beachtlichen zehn Prozent der Gewinne der Fleischindustrie zu Buche. Somit handelt es sich keinesfalls um ein reines Abfallprodukt. Auch die ökologischen Folgen der Verunreinigung des Wassers durch Chrom, welches zum Gerben verwendet wird, sind bekannt.

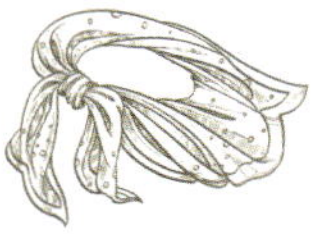

Seide:

Seidenraupen werden in Massen gezüchtet. Um an die Seide, welche durch die Kokonbildung gesponnen wird, zu gelangen, werden die Raupen samt Kokon in kochendes Wasser geworfen.

Daunen:

Rund fünf Mal in ihrem Leben werden die Tiere bei lebendigem Leib gerupft und anschließend verletzt und ohne Wärmeschutz wieder ausgesetzt. Am Ende werden sie geschlachtet.

Honig:

Auch für die Zweckentfremdung von Honig werden ganze Bienenvölker, welche als zu schwach angesehen werden, ausgeschwefelt. Bei der Entnahme der Waben, dem Schleudern etc., werden ebenfalls Bienen verletzt und getötet.

Umwelt

Die Erzeugung tierischer Produkte hängt unmittelbar mit der Rodung des Regenwaldes sowie der Verschmutzung und Überdüngung unserer Gewässer zusammen. Die Verdichtung des Bodens, die daraus folgende Bodenerosion und die Verschwendung wertvollen Wassers sind weitere negative Aspekte. Außerdem trägt die Entstehung von Methan durch die Fäkalien der Nutztiere um 40 Prozent mehr zum Klimawandel bei als die Abgase aller Autos, LKWs und Flugzeuge weltweit.

Welthunger

50 Prozent der Weltgetreideernte sowie 90 Prozent der Weltsojaernte werden als Futter für Nutztiere in Massentierhaltung verwendet. Gleichzeitig hat eine Milliarde Menschen zu wenig zu essen und 40.000 Kinder sterben jährlich an Hunger.

Über die Autorin

Daniela Friedl wurde 1984 in Salzburg geboren. Die akademische Sportjournalistin lebt mit ihrem Mann und ihren Tieren in einem 200 Jahre alten Bauernhaus im Salzburger Seengebiet.

Obwohl sie im ländlichen Flachgau aufwuchs, wo Fleischgerichte an der Tagesordnung standen, lebte sie bereits in ihrer Kindheit vegetarisch und entschied sich Anfang 2009 aus ethischen Gründen für eine vegane Lebensweise.

Mit Verzicht hatte dieser Schritt jedoch nichts zu tun: Aus Liebe zur österreichischen Küche wurden die traditionellen Gerichte von nun an eben vegan zubereitet. Kaum ein lieb gewonnenes Rezept konnte nicht adaptiert werden.

Daniela Friedl steht für herzhafte Hausmannskost, von deftigen Gerichten bis hin zu süßen Mehlspeisen – vegan und tierleidfrei.

Ihre Erfahrungen teilt die Autorin in folgenden Büchern:

„Mitleid unangebracht – vegan leben in Österreich" (Tredition 2011)
„Vegane Hausmannskost" (Freya 2013)

Weitere Informationen finden Sie auf
www.vegane-hausmannskost.com

Daniela Friedl

Mitleid unangebracht

Vegan leben in Österreich

Wie lebt es sich als Veganer in der rot-weiß-roten Alpenrepublik? Seinen Werten treu zu bleiben und dennoch am gesellschaftlichen Leben teilzunehmen, das erweist sich im Alltag oft als moralischer Spagat. Ein Spagat zwischen Schweinebraten und Ethik, Lederhose und Gewissen.

Erhältlich bei www.tredition.de/shop, sowie www.amazon.de

ISBN 978-3-84244-579-6

Daniela Friedl

Vegane Hausmannskost

Traditionelle Hausmannskost und vegane Küche – eine gelungene Kombination ...

... die sowohl Erinnerungen weckt, als auch bodenständige Gaumenfreuden verspricht. Daniela Friedl stellt ihre persönlichen Lieblingsgerichte aus Kindertagen vor – liebevoll bebildert und mit historischen Hintergrundinformationen abgerundet. Entdecken Sie die Klassiker der österreichischen Küche neu – vegan und tierleidfrei.

ISBN 978-3-99025-111-9

Renée und Bruno Weihsbrodt

Intelligente Ernährung

Lebendige Vitalkost mit Wildkräutern

Niemand, der sich fleischlos ernährt, muss Mangelerscheinungen in Kauf nehmen. Bruno Weihsbrodt zeigt, wie man mit Rohkost die Übersäuerung des Körpers vermeidet, Verdauungsstörungen beseitigt und ganz von allein überflüssige Kilos verliert. Mit klassischen Ernährungsmythen wie dem scheinbar gesunden Müsli oder dem gefürchteten Eisenmangel bei Vegetariern räumt der Autor gründlich auf. Mit diesem neuen Wohlbefinden ist ein Mehr an Lebensfreude garantiert.

ISBN 978-3-99025-095-2

Renée und Bruno Weihsbrodt

Vitalkost-Rezepte

Intelligent kombiniert

Ein Buch für Einsteiger in die Rohkost mit Rezepten, die auch in der Familie auf Akzeptanz stoßen. Die Autoren haben langjährige Familienerfahrung mit ihren zwei Kindern und wissen genau, was gut ankommt. Manches Obst verträgt sich einfach nicht mit Gemüse, manches Gemüse verträgt sich nicht mit bestimmten Wildpflanzen. Weiß man genau, welche Zutaten man mischen darf, gehört der Spruch: Ich vertrage Rohkost einfach nicht! der Vergangenheit an.

ISBN 978-3-99025-121-8